AF235509

Meine narzisstische Mutter

Wie Sie Narzissmus bei Müttern leicht verstehen und toxische Beziehungen Schritt für Schritt verbessern

Mariam Lehmhuis

Alle Ratschläge in diesem Buch wurden sorgfältig erwogen und geprüft. Eine Garantie kann dennoch nicht übernommen werden. Eine Haftung für jegliche Personen-, Sach- und Vermögensschäden ist daher ausgeschlossen. Die Benutzung dieses Buches und die Umsetzung der darin enthaltenen Informationen erfolgt ausdrücklich auf eigenes Risiko.

Alle Rechte, insbesondere das Recht der Vervielfältigung und Verbreitung der Übersetzung, vorbehalten. Kein Teil des Werkes darf in irgendeiner Form (durch Fotokopie, Mikrofilm oder ein anderes Verfahren) ohne schriftliche Genehmigung reproduziert oder unter Verwendung elektronischer Systeme gespeichert, verarbeitet, vervielfältigt oder verbreitet werden.

INHALT

Welche Therapiemöglichkeiten gibt es? 46

Umgang mit einer narzisstischen Mutter 55

Was erwartet sie in diesem Buch?

In diesem Buch geht es darum, Ihnen die narzisstische Persönlichkeitsstörung vor allem in Bezug auf Mütter, die von dieser Störung betroffen sind, und die Folgen für ihre Kinder zu erläutern.

Außerdem soll dieses Buch Betroffenen Tipps geben, wie sie lernen können, mit ihrer Situation besser umzugehen.

Um ein besseres Verständnis für diese psychische Erkrankung zu erlangen, wird diese am Anfang des Buches im Allgemeinen veranschaulicht. Zunächst erhalten Sie Informationen darüber, was Narzissmus bedeutet, und mögliche Ursachen dafür, warum diese Krankheit entstehen kann. Anschließend werden die verschiedenen Arten und Symptome der Krankheit beschrieben. Zusätzlich erhalten Sie Tipps, die Ihnen dabei helfen werden, einen Narzissten zu identifizieren.

Danach wird dargestellt, wie sich die Persönlichkeitsstörung auf die Beziehung und das Verhalten einer betroffenen Mutter gegenüber ihrem Kind auswirkt. Dabei wird zwischen der Beziehung einer narzisstischen Mutter und Ihrer Tochter und einer narzisstischen Mutter und Ihrem Sohn unterschieden. Es wird zudem beschrieben, welche Folgen und psychischen Störungen dadurch für das Kind entstehen können und inwiefern das Kind dadurch auch noch als Erwachsener beeinflusst werden kann.

Am Ende des Buches werden Therapiemöglichkeiten sowohl für die Mütter als auch für die Kinder erläutert. Anschließend werden auch einige Tipps zur Selbsthilfe genannt, die Kindern von Narzissten helfen können, mit ihrer Mutter umzugehen, und Möglichkeiten, wie sie sich aus dem Umfeld ihrer narzisstischen Mutter befreien können

Was ist Narzissmus?

ENTSTEHUNG UND DEFINITION VON NARZISSMUS

Im alltäglichen Sprachgebrauch wird mit dem Begriff Narzisst oftmals eine Person beschrieben, die egoistisch und arrogant wirkt und keine Rücksicht auf die Bedürfnisse ihrer Mitmenschen nimmt.

Aus psychologischer Sicht ist Narzissmus ein Persönlichkeitsmerkmal, das tatsächlich in einem gewissen Maße in der Persönlichkeit jedes Menschen vorliegt. Bei den meisten Menschen ist dieses Persönlichkeitsmerkmal jedoch in einem gesunden Maße ausgeprägt und beeinflusst ihr eigenes Leben oder das ihrer Mitmenschen nicht auf eine negative Weise.

Gewisse narzisstische Züge können sogar vorteilhaft sein und einen Menschen charismatischer und interessanter wirken lassen, wenn diese narzisstischen Züge jedoch übermäßig stark ausgeprägt sind, spricht man von einer narzisstischen Persönlichkeitsstörung.

Menschen, die an einer narzisstischen Persönlichkeitsstörung leiden, idealisieren sich selbst und ihre Fähigkeiten in einem übertriebenen Ausmaß und stellen sich als jemand Besseres als ihre Mitmenschen dar. Außerdem haben Narzissten ein übermäßig starkes Bedürfnis danach, Anerkennung und Aufmerksamkeit von ihren Mitmenschen zu erhalten, und machen oftmals andere klein, um ihr eigenes Selbstwertgefühl zu heben, da sie eine geringere Empathiefähigkeit als die meisten Menschen besitzen und häufig dazu neigen, Neid für andere zu verspüren.

Zu der Entstehung von Narzissmus gibt es unterschiedliche Theorien. Es wird davon ausgegangen, dass Narzissmus durch ein Zusammenspiel von genetischen, psychischen und Umwelt bezogenen Faktoren entsteht.

In vielen Fällen liegt der Ursprung der Persönlichkeitsstörung in der Erziehung und in Erfahrungen, die eine Person in der frühen Kindheit geprägt haben. Dabei gibt es zwei unterschiedliche Ansätze.

Einerseits kann der Ursprung der Störung darin bestehen, dass die betroffene Person in ihrer Kindheit von ihren Eltern übermäßig bewundert und idealisiert wurde. Häufig verwöhnen die Eltern ihr Kind in einem extremen Ausmaß und versuchen, jede Art von Frustration oder Enttäuschung von diesem fernzuhalten, wodurch das Kind ein unrealistisches Selbstbild entwickelt.

Andererseits kann es auch der Fall sein, dass eine betroffene Person in ihrer Kindheit zu wenig Liebe und Anerkennung von ihren Eltern erhalten hat oder die Wertschätzung des Kindes von dessen Leistungen abhängig gemacht wurde. Dadurch entwickelt das Kind narzisstische Verhaltensweisen, um die fehlende Anerkennung zu kompensieren.

ARTEN VON NARZISSMUS

Nach einer Studie von Russ und Kollegen aus dem Jahr 2008 kann die narzisstische Persönlichkeitsstörung in drei Typen eingeteilt werden: den exhibitionistischen Narzissmus, den grandios-malignen Narzissmus und den vulnerabel-fragilen Narzissmus.

Personen, die eine narzisstische Persönlichkeitsstörung haben, müssen nicht unbedingt nur einem dieser Typen angehören. Viele Narzissten schwanken auch zwischen den einzelnen Typen.

Exhibitionistischer Narzissmus

Betroffene, die diesem Typus angehören, sind dadurch gekennzeichnet, dass sie ein übermäßiges Selbstwertgefühl besitzen und extrem von ihrer eigenen Überlegenheit überzeugt sind. Daher prahlen sie offen über ihre Großartigkeit und ihre Errungenschaften in einem übertriebenen Ausmaß. Diese Personen wirken oft arrogant, selbstverliebt und kühl. Man kann oftmals die narzisstischen Züge dieser Person sofort erkennen, weshalb dieser Typus von Narzissmus auch offener Narzissmus genannt wird.

Grandios-maligner Narzissmus

Der grandios-maligne Typus ähnelt dem exhibitionistischen sehr. Auch Personen dieses Typus sind durch ihr übermäßiges Selbstwertgefühl charakterisiert, jedoch sind sie darüber hinaus auch durch ein häufig auftretendes aggressives oder antisoziales Verhalten charakterisiert. Diese Personen haben oft ein geringes oder ein fehlendes Empathievermögen und fühlen sich konstant von anderen zu wenig wertgeschätzt. Außerdem schaden sie mit ihrem Verhalten anderen, beispielsweise, indem sie ihre Mitmenschen kleinmachen, um ihr eigenes Selbstwertgefühl zu steigern. Wie auch der exhibitionistische Typus ist dieser Typus leicht als ein Narzisst zu erkennen.

Vulnerabel-fragiler Narzissmus

Im Gegensatz zu den anderen beiden Typen ist diese Art von Narzisst oft schwieriger zu identifizieren, deshalb wird er auch als verdeckter Narzissmus beschrieben. Personen, die von dieser Art von Narzissmus betroffen sind, sind hypersensibel und wirken verletzlich und zurückhaltend nach außen. Sie haben extreme Probleme damit, mit Kritik und Zurückweisung umzugehen, sodass dies sogar in Suizid resultieren kann. Ihr Selbstwertgefühl schwankt zwischen extremen Selbstbewusstsein und Minderwertigkeitsgefühl. Um ihr labiles Selbstwertgefühl zu kompensieren, stellen sich diese Personen als besser dar, als sie eigentlich sind. Diese Art von Narzissmus kommt häufiger bei Frauen vor als bei Männern, weshalb sie auch weiblicher Narzissmus genannt wird.

SYMPTOME VON NARZISSMUS

Im Diagnostischen und Statistischen Manual psychischer Störungen (DSM-IV) werden neun Symptome aufgeführt, durch die eine Person als Narzisst diagnostiziert werden kann.

Eine narzisstische Persönlichkeitsstörung liegt vor, wenn mindestens fünf der folgenden Kriterien zutreffen.

1. Betroffene haben ein übertriebenes und oftmals unbegründetes Gefühl der eigenen Wichtigkeit und sehen sich als anderen gegenüber überlegen an. Sie stellen ihre eigenen Errungenschaften und Stärken als besser und wichtiger dar, als sie wirklich sind.

2. Sie haben krankhafte Fantasien von übertriebener Macht und Erfolg, unrealistischer Schönheit oder idealisierte Vorstellungen von Liebe.

3. Sie sehen sich als jemand an, der besonders, speziell und einzigartig ist, und empfinden das Gefühl, nur von Menschen verstanden zu werden, die ihrer Meinung nach dasselbe Maß an Einzigartigkeit besitzen.

4. Sie verspüren das Verlangen danach und erwarten von ihren Mitmenschen, exzessiv bewundert zu werden.

5. Sie haben hohe Ansprüche danach, von anderen besonders bevorzugt behandelt zu werden, und erwarten, dass ihre Mitmenschen immer auf ihre Erwartungen eingehen.

6. Sie haben kein Problem damit, sich anderen gegenüber ausbeuterisch zu verhalten und ihre Mitmenschen auszunutzen, um ihre eigenen Ziele zu verwirklichen.

7. Sie besitzen wenig oder kein Einfühlungsvermögen und sind nicht imstande dazu, sich in andere hineinzuversetzen, und sind ignorant gegenüber ihren Gefühlen und Bedürfnissen.

8. Sie empfinden häufig Neid für ihre Mitmenschen oder gehen, ohne triftige Gründe dafür zu haben, davon aus, dass andere sie beneiden.

9. Ihre Verhaltens- und Denkweisen sind arrogant und überheblich.

Häufig können Narzissten dennoch auch anhand dieser Kriterien nicht eindeutig identifiziert werden, da einige beispielsweise ihre überheblichen Denkweisen nicht offen kundgeben oder gut darin sind, ihre narzisstischen Verhaltensweisen zu verstecken.

Außerdem zeigen neuere Studien, dass viele Narzissten ein sehr niedriges Selbstbewusstsein besitzen und ihre idealisierte Selbstdarstellung nur ein Schutzmechanismus ist, um ihr niedriges Selbstwertgefühl zu kompensieren. Dies steht im Gegensatz dazu, dass Narzissten normalerweise wegen ihrer Arroganz und ihrer grandiosen Selbstdarstellung als extrem selbstbewusst eingeschätzt werden.

TIPPS, UM EINEN NARZISSTEN ZU IDENTIFIZIEREN

Um Ihnen, obwohl es in manchen Fällen nicht so einfach ist, einen Narzissten eindeutig zu identifizieren, bei der Identifikation zu helfen, werden nun, einige Tipps aufgeführt, die Ihnen dabei helfen können, einen Narzissten schneller zu erkennen. Die meisten Narzissten hinterlassen oftmals einen sehr guten ersten Eindruck und werden zunächst als charmant und attraktiv eingeschätzt, da ihnen die Anerkennung Ihrer Mitmenschen sehr wichtig ist und sie sich deshalb anfangs nur von ihrer besten Seite präsentieren.

Je besser Sie jedoch einen Narzissten kennenlernen, desto leichter wird es Ihnen fallen, seine egoistischen Verhaltensweisen und Absichten zu erkennen. Im Folgenden werden einige der häufigsten Verhaltensmuster von Narzissten erläutert, was Ihnen dabei helfen kann, diese besser und schneller zu erkennen.

Narzissten reden meistens über sich selbst und Ihre Errungenschaften, diese stellen sie als übermäßig bedeutend dar und sie zeigen kein Interesse an anderen

Personen und deren Errungenschaften. Sie wollen konstant selbst im Mittelpunkt stehen und von anderen bewundert werden. Oftmals begegnen sie anderen mit Neid und können sich nicht über die Erfolge anderer freuen, daher sprechen sie oft herabwürdigend oder kritisch über die Erfolge ihrer Mitmenschen und stellen sie immer als schlechter als sich selbst dar.

Selbst reagieren Narzissten jedoch sehr empfindlich auf Kritik, sie sehen ihre eigenen Fehler nicht ein und haben keine Fähigkeit zur Selbstreflexion. Daher sehen sie sich selbst stetig in der Opferrolle und machen andere für Konflikte verantwortlich, auch, wenn sie diese selbst verursacht haben. Außerdem sind Narzissten häufig aufgrund ihrer fehlenden Empathie und Selbsteinsicht nicht in der Lage, sich für Fehler, die sie begangen haben, oder Schaden, den sie ihren Mitmenschen zugefügt haben, zu entschuldigen.

Darüber hinaus zeigen viele Narzissten aggressive Verhaltensweisen, da sie starke negative Emotionen, wie Wut oder Eifersucht, verspüren und diese an ihren Mitmenschen auslassen. Auch, wenn etwas mal nicht nach ihrem Plan verläuft, reagieren Narzissten darauf mit Aggressivität, denn sie haben ein starkes Bedürfnis danach, Situationen und andere Menschen unter ihrer

Kontrolle zu haben, und werden schnell frustriert, falls dies nicht klappen sollte.

Ein weiterer Aspekt, an dem Sie einen Narzissten erkennen können, ist, dass diese Personen mehr nehmen, als sie geben. Sie erwarten von anderen Menschen, dass sie immer dazu bereit sind, das zu tun, worum sie diese bitten, jedoch, wenn man selbst einen Narzissten um einen Gefallen bittet, lehnt er diesen in den meisten Fällen ab, außer, es würde ihm eine Möglichkeit geben, seine eigenen egoistischen Ziele durchzusetzen.

Um ihre Ziele durchzusetzen oder sich selbst besser darzustellen, kommt es häufig vor, dass Narzissten Lügen, zum Beispiel über sich selbst oder ihre Fähigkeiten, erzählen. Außerdem verbreiten sie auch Lügen oder Gerüchte über andere Personen, um diese im Gegensatz zu sich selbst schlecht darzustellen.

Auf den ersten Blick wirkt es oft so, als hätten Narzissten viele Freunde, da sie gut darin sind, charismatisch zu wirken und sich selbst ihren Mitmenschen in einem guten Licht zu präsentieren. Es ist Narzissten nämlich sehr wichtig zu zeigen, dass sie beliebt sind, und damit zu prahlen. Diese Freundschaften sind jedoch meistens nur oberflächlich, da es Narzissten aufgrund ihres egoistischen Verhaltens und ihres Mangels an Einfühlungsvermögen schwerfällt, tiefgründige Beziehungen aufzubauen. Außerdem schwankt ihr Verhalten anderen gegenüber zwischen anfänglicher gespielter Freundlichkeit und Respektlosigkeit sowie Ausbeutung, weshalb viele Narzissten zwar anfangs beliebt sind, jedoch können die meisten Menschen nach einiger Zeit ihre ausbeuterische Art erkennen.

Falls Sie jemanden in Ihrem Umfeld kennen, der alle oder viele dieser Verhaltensweisen zeigt, können Sie davon ausgehen, dass diese Person wahrscheinlich von einer narzisstischen Persönlichkeitsstörung betroffen ist oder überdurchschnittlich stark ausgeprägte narzisstische Eigenschaften besitzt.

Wie äußert sich Narzissmus?

NARZISSMUS BEI FRAUEN

Wie schon zuvor in dem Kapitel über die Arten des Narzissmus erwähnt, neigen Frauen eher dazu, dem Typus des vulnerabel-fragilen Narzissmus anzugehören. Dadurch, dass diese Art von Narzissmus nicht so offensichtlich erkennbar ist, ist es häufig schwieriger, narzisstische Frauen zu identifizieren als narzisstische Männer, welche eher dazu neigen, ihre narzisstischen Züge offen zu zeigen. Wissenschaftler gehen davon aus, dass die Tendenz zum verdeckten Narzissmus bei Frauen vor allem darauf zurückzuführen ist, dass Frauen häufig bei den Persönlichkeitsmerkmalen der Introversion und des Neurotizismus höhere Werte erzielen und auch häufiger auf Anerkennung von anderen angewiesen sind als Männer.

Weiblicher Narzissmus ist von starken Kontrasten geprägt. Einerseits versuchen die betroffenen Frauen, sich äußerlich immer als perfekt und selbstsicher zu präsentieren, innerlich fühlen sie sich aber im Gegensatz dazu depressiv, leer und haben viele Selbstzweifel. Das Selbstwertgefühl von ihnen ist daher sehr instabil und extrem abhängig von der Anerkennung anderer. Meist schwankt ihr Selbstwertgefühl zwischen extremer Grandiosität und starken Minderwertigkeitskomplexen.

Narzisstinnen legen viel Wert auf ihr Äußeres und ihre Attraktivität. Sie gehen davon aus, dass alle ihre Erfolge nur auf ihre äußerlichen Merkmale zurückzuführen sind, deshalb ist es ihnen sehr wichtig, jederzeit makellos aufzutreten, und sie investieren viel Zeit in ihr Aussehen. Dies hat auch zur Folge, dass sie starke Komplexe entwickeln, wenn etwas an ihrem Aussehen für sie nicht ihrem perfekten Bild entspricht, wodurch sie auch oft dazu tendieren, zum Beispiel Essstörungen zu entwickeln. Häufig vernachlässigen sie auch, weil sie so sehr mit ihren oberflächlichen Eigenschaften beschäftigt sind, ihre psychischen Bedürfnisse und ihre eigenen Gefühle. Es fällt ihnen auch schwer, daran zu glauben, dass positive Erfahrungen und Erfolge auf ihre inneren Werte zurückgeführt werden könnten, und schreiben dies stetig ihrer äußerlichen Attraktivität zu.

Weibliche Narzissten haben oftmals unrealistisch hohe Ansprüche an sich selbst und große Ängste davor, diesen nicht gerecht zu werden. Sie sehen sich zwar wie auch männliche Narzissten als anderen überlegen und haben Größenfantasien, jedoch geben sie dies nicht offen preis und leben diese nur in ihrem Inneren aus, da sie zu viel Angst vor der Kritik oder Ablehnung ihrer Mitmenschen haben.

Die extreme Angst vor Kritik ist ein weiteres prominentes Merkmal des weiblichen Narzissmus. Dadurch, dass das Selbstwertgefühl von den betroffenen Frauen so instabil ist und stark von der Anerkennung anderer abhängt, können schon kleine kritische Bemerkungen sie in tiefe emotionale Krisen stürzen, die sogar so weit gehen können, dass sie Suizidgedanken entwickeln. Deshalb ist es auch nicht unüblich, dass narzisstische Frauen weitere psychische Erkrankungen, wie Depressionen oder Angststörungen, entwickeln. Um sicher zu sein, dass sie die Anerkennung erhalten, die sie brauchen, und um sich vor Kritik zu schützen, richten sie fast alle ihre Taten und Verhaltensweisen darauf aus, wovon sie denken, dass es ihnen die Anerkennung ihrer Mitmenschen erbringen wird. Deshalb verstellen sie sich oft und sind nicht in der Lage, ihre wahre Persönlichkeit auszuleben.

Diese Angst vor Kritik ist auch ein Grund dafür, warum sie sich im Gegensatz zu männlichen Narzissten anderen Gegenüber nicht offen aggressiv und abwertend verhalten. Sie fürchten nämlich, dass dieses Verhalten zu negativen Bemerkungen von ihren Mitmenschen führen und die perfekte Fassade, die sie konstant versuchen aufrechtzuerhalten, beeinträchtigen könnte.

Viele narzisstische Frauen wirken nach außen durch ihre perfekte Selbstdarstellung sehr selbstbewusst, jedoch gibt es auch viele, denen man ihre Unsicherheit leicht ansieht und die daher eher ängstlich und depressiv wirken. Das ist auch der Grund, warum es oft schwieriger ist, Frauen als Narzissten zu identifizieren und Frauen auch seltener die Diagnose des Narzissmus erhalten.

NARZISSTEN ALS MÜTTER

Narzisstische Mütter stellen sich selbst in den Mittelpunkt der Familie. Anstatt sich für ihre Kinder aufzuopfern und diese in den Mittelpunkt ihres Lebens zu stellen, erwarten sie von ihren Kindern, dass sie immer dazu bereit sind, alles für ihre Mutter zu tun. Dadurch kommt es oft zu einer Familiendynamik, in der die Kinder eher ihre Mutter versorgen und sich ihren Bedürfnissen anpassen, anders als in einer gesunden Familiendynamik, in der die Mutter ihre Kinder versorgt und auf deren Bedürfnisse achtet.

Trotz dieser schädlichen Familiendynamik wirken die Familien von narzisstischen Frauen nach außen jedoch oft perfekt und makellos, da es, wie schon im vorherigen Kapitel erwähnt, narzisstischen Frauen sehr wichtig ist, den äußeren Schein von Perfektion aufrechtzuerhalten, damit sie die Anerkennung von ihren Mitmenschen erhalten. Sie stellen sich selbst als eine perfekte Mutter dar und übertragen diesen krankhaften Perfektionismus auch auf ihre Kinder. Das bedeutet, dass sie auch hohe Erwartungen an ihre Kinder haben, sich nach außen hin perfekt zu verhalten, damit der Schein einer perfekten Familie aufrechterhalten werden kann.

Narzisstische Mütter neigen daher oftmals dazu, extrem kontrollsüchtig zu sein, ihre Kinder in jedem Aspekt ihres Lebens zu kontrollieren und ihnen ihre Entscheidungsfreiheit zu nehmen. Viele sehen ihre Kinder nicht als ein eigenständiges Individuum, sondern nur als eine Erweiterung von sich selbst, deshalb ist es ihnen wichtig, dass ihre Kinder sich so verhalten, wie sie es wollen.

Dadurch, dass sie ihre Kinder als eine Erweiterung von sich selbst ansehen, projizieren sie auch ihre eigenen Unsicherheiten und Komplexe auf ihre Kinder und sind übermäßig kritisch gegenüber ihnen. Vor allem ihre Töchter sieht die narzisstische Mutter als eine Spiegelung ihres Selbst und versucht, über ihr Leben zu bestimmen. Häufig sehen sie ihre Kinder auch als eine Konkurrenz an und entwickeln Gefühle von Neid, wenn sie beispielsweise einige Fähigkeiten haben, die ihre Mutter nicht besitzt, oder wenn sie äußerlich attraktiver sind als diese. Ist dies der Fall, stellt es eine große Bedrohung für das labile Selbstwertgefühl der narzisstischen Mutter dar. Um dies zu kompensieren, werten sie oft ihre Kinder und deren Leistungen ab oder schreiben diese nur ihrer guten Erziehung durch sie zu. Sie stellen sich also konstant als ihren Kindern überlegen dar.

Außerdem zeigen narzisstische Mütter nur selten Verständnis oder Zuneigung für ihre Kinder. Dies ist auf ihre geringe Fähigkeit zur Empathie zurückzuführen. Sie haben oftmals nur eine sehr oberflächliche Beziehung zu ihren Kindern und können keine gesunde und tiefergehende Beziehung zu ihren Kindern aufbauen. In vielen Fällen lieben sie nicht ihre Kinder selbst, sondern die Art, wie die Kinder sie bewundern, da dies ihr Selbstwertgefühl hebt. Deshalb fällt es ihnen schwer, es zu akzeptieren, wenn die Kinder älter werden und sich anfangen, von ihnen abzuwenden.

Sie reagieren auch sehr empfindlich auf Kritik von ihren Kindern, da sie es nicht akzeptieren können, wenn sie sich nicht nach ihrem Willen verhalten und das Bild der perfekten Familie gefährden.

Insgesamt erwarten narzisstische Mütter also, dass sich jeder in der Familie nach ihren Bedürfnissen und Vorstellungen ausrichtet und ohne Kritik jederzeit auf ihre Wünsche eingeht, wodurch eine sehr schädliche Familiendynamik entsteht.

AUSWIRKUNGEN VON NARZISSMUS AUF DIE ERZIEHUNGSMETHODEN

Das Hauptmerkmal der Erziehungsmethoden, die narzisstische Mütter anwenden, ist, dass sie ihren Kindern beibringen, ihre eigenen Bedürfnisse zu vernachlässigen und nur auf die Bedürfnisse der Mutter einzugehen.

Narzisstische Mütter haben sehr hohe Erwartungen an ihre Kinder, da sie diese oft als eine Erweiterung von sich selbst sehen und sie ihre eigenen Komplexe, aber auch ihre eigenen Ziele auf ihre Kinder übertragen. Deswegen stehen Kinder von Narzissten unter einem enorm hohen Leistungsdruck, beispielsweise gute schulische Leistungen zu erbringen. Um zu erreichen, dass ihre Kinder stets danach streben, ihre Erwartungen zu erfüllen, gibt die narzisstische Mutter ihren Kindern nur Zuneigung und positives Feedback, wenn diese ihre hohen Erwartungen erfüllen. Ist dies nicht der Fall, werden die Kinder auf extreme Weisen verbal niedergemacht oder sogar durch Gewalt bestraft. Dadurch, dass Narzissten keine Empathie verspüren, haben sie kein Problem damit, Gewalt als Erziehungsmethode anzuwenden und ihren Kindern zu schaden, da sie nämlich kein schlechtes Gewissen dafür verspüren. Dies ist auch der Grund, warum narzisstische Mütter ihren Kindern meist keine Zuneigung oder Liebe zeigen, denn sie sind nicht dazu imstande, tiefergehende Beziehungen zu formen, und geben ihren Kindern dann nur Zuneigung in Form oberflächlicher Komplimente. Dies können beispielsweise Komplimente zu dem Aussehen des Kindes sein.

Außerdem ist es Narzissten wichtig, jederzeit die Kontrolle über ihr Kind zu behalten. Sie schreiben ihren Kindern vor, wie sie sich verhalten sollen, welche Entscheidungen sie treffen sollen und mischen sich in jeden Aspekt ihres Lebens ein. Sie missachten die Privatsphäre ihrer Kinder und überschreiten konstant jede Art von Grenzen, da sie ihre Kinder nur als eine Erweiterung ihres Selbst ansehen. Daher verstehen sie nicht, dass ihr Kind ein eigenes Individuum ist und Privatsphäre und eine eigene Entscheidungsfreiheit braucht.

Viele narzisstische Mütter erziehen ihre Kinder auch zu krankhaften Perfektionisten, da ihnen der äußerliche Schein einer perfekten Familie enorm wichtig ist. Sie verhalten sich auch oft, wenn andere Menschen dabei sind, wie eine perfekte Mutter und prahlen damit, was ihr Kind alles erreicht hat. Dies schreiben sie aber immer ihrer guten Erziehung zu und sehen es als ihre eigene Errungenschaft an.

Verständnis und Einfühlungsvermögen zeigen narzisstische Mütter für ihre Kinder nur selten. Sollte ihr Kind sich ihr mit seinen Problemen anvertrauen oder Trost von ihr benötigen, redet sie die Probleme ihres Kindes klein oder gibt dem Kind selbst die Schuld für dessen Sorgen, statt diesem Trost zu spenden. Oftmals wendet sie diese Gespräche auch so um, dass es um ihre Probleme statt um die des Kindes geht, da Narzissten immer im Mittelpunkt stehen wollen.

Das Erzeugen von Schuldgefühlen ist ein weiteres prominentes Merkmal der Erziehungsmethoden von narzisstischen Müttern. Wenn das Kind sich ihren Anforderungen widersetzen sollte, stellt sie dieses als undankbar dar und versucht, es als den Schuldigen darzustellen. Darüber hinaus prahlt sie auch damit, was sie alles für das Kind getan hat, und stellt es so dar, als würde sie immer ihre eigenen Bedürfnisse für ihr Kind vernachlässigen, wodurch sie nur noch mehr Schuldgefühle bei ihrem Kind erzeugt.

Falls das Kind versucht, seine eigenen Interessen durchzusetzen, wirft sie ihm vor, egoistisch zu sein und nur an sich selbst zu denken. Im Gegensatz dazu erwartet die narzisstische Mutter, dass ihr Kind immer dazu bereit ist, sich für ihre eigenen egoistischen Bedürfnisse und Ziele aufzuopfern, auch wenn das Kind dabei seine eigenen vernachlässigen muss.

Viele narzisstische Mütter verspüren auch Neid für ihre Kinder, vor allem für ihre Töchter. Deshalb haben sie große Angst, dass ihre Kinder in einigen Bereichen besser sein könnten als sie. Um dies zu verhindern, arbeiten sie oft aktiv daran, ihre Kinder daran zu hindern, Erfolge zu erzielen, die bei ihnen Selbstzweifel auslösen und ihre Kinder in ihren Augen als erfolgreicher als sie selbst wirken lassen könnten. Sie machen ihre Kinder beispielsweise auf eine extreme Weise runter und reden ihnen ein, dass sie niemals etwas in ihrem Leben erreichen könnten.

Eine weitere Methode, die narzisstische Mütter nutzen, um Selbstzweifel bei ihren Kindern zu erzeugen, ist, dass sie diese mit anderen Kindern auf eine entwertende Weise vergleichen. Dadurch lernen die Kinder, sich so zu fühlen, als wären sie im Gegensatz zu ihren Mitmenschen weniger wert, und entwickeln starke Komplexe.

Zudem lügen Narzissten ihre Kinder oft an und leugnen ihre Verhaltensweisen. Wenn das Kind sie beispielsweise auf Geschehnisse oder Verhaltensweisen von ihnen, die dem Kind Schaden zugefügt haben, hinweist, leugnen sie diese und stellen das Kind so dar, als würde es lügen oder hätte sich dies lediglich eingebildet. Dadurch wird das Vertrauen zwischen Mutter und Kind stark beeinträchtigt.

Im Großen und Ganzen wird deutlich, dass die narzisstische Mutter durch ihre Erziehungsmethoden vor allem erzielen möchte, dass ihr Kind in einer extremen Weise von ihr abhängig wird und nicht in der Lage ist, eine eigene Persönlichkeit zu entwickeln.

Besonderheiten bei der Erziehung von Geschwistern

Sollte eine Narzisstin mehrere Kinder haben, entwickelt sich in den meisten Fällen eine Familiendynamik, in der die Kinder unterschiedliche Rollen zugeteilt bekommen. Dabei unterscheidet man zwischen der Rolle des „Sündenbocks" und des „goldenen" Kindes. Durch diese Rollen projiziert die Mutter ihr eigenes labiles Selbstwertgefühl, das stets zwischen Minderwertigkeitskomplexen und Grandiosität schwankt, auf ihre Kinder.

Das Kind, welches die Rolle des Sündenbocks zugeteilt bekommt, wird so behandelt, als wäre es nie genug und wird von der Mutter oft schlecht gemacht. Zudem wird es immer zum Schuldigen und für alle Probleme innerhalb der Familie verantwortlich gemacht. Es kommt häufiger vor, dass die Töchter diese Rolle einnehmen.

Im Gegensatz dazu wird das goldene Kind als perfekt dargestellt, öfter gelobt und dazu angestiftet, das Kind, welches in der Rolle des Sündenbocks steht, niederzumachen. Meistens versucht die narzisstische Mutter durch dieses Kind, sich selbst und ihre Ziele zu verwirklichen. Diese Rolle wird öfter den Söhnen übertragen.

Es kann auch passieren, dass die Rollenverteilung sich im Laufe der Zeit ändert. Auf diese Art, durch welche die Kinder in gut und schlecht eingeteilt werden, entsteht viel Eifersucht und ein Konkurrenzverhältnis zwischen den Geschwistern.

Auswirkungen des Narzissmus

BEZIEHUNG ZWISCHEN NARZISSTISCHEN MÜTTERN UND IHREN SÖHNEN

In den meisten Fällen erteilen die narzisstischen Mütter ihren Söhnen die Rolle des goldenen Kindes. Dies hat zur Folge, dass die Söhne in einem ungesunden Ausmaß idealisiert werden und die Mutter stets versucht, die Kontrolle über das Leben ihres Sohnes zu behalten. Oft bauen sie das Selbstbewusstsein ihres Sohnes durch Lob auf und prahlen vor anderen mit ihrem Sohn, jedoch sind sie andererseits zu Hause auch sehr kritisch mit ihnen und kritisieren jedes kleinste Fehlverhalten, um die Kontrolle über sie zu behalten. Narzisstische Mütter stellen sich in den Mittelpunkt des Lebens ihres Sohnes, sie möchten die einzige

Person sein, die von ihm bewundert wird, und entwickeln daher starke Gefühle der Eifersucht gegenüber allen anderen seiner Bezugspersonen, seinen Freunden und später auch seinen Partnerinnen. Diese redet sie oft vor ihren Söhnen schlecht und versucht, sie dazu zu bringen, sich von diesen Personen zu trennen.

Häufig entsteht in der Beziehung zwischen einer narzisstischen Mutter und ihrem Sohn ein starkes gegenseitiges Abhängigkeitsverhältnis.

Der Sohn kann durch die strikte Kontrolle seiner Mutter keine stabile eigene Persönlichkeit oder die Fähigkeit, eigene Entscheidungen zu treffen, aufbauen. Er fühlt sich abhängig von seiner Mutter und hat oft starke Verlustängste ihr gegenüber.

Dadurch, dass die Mutter so eine präsente Rolle in seinem Leben einnimmt, lernt er, seine eigenen Bedürfnisse zurückzustellen, um die der Mutter an erste Stelle zu setzen. Es gibt einerseits Söhne, die es immer versuchen, ihrer Mutter recht zu machen und auf ihre Bedürfnisse einzugehen, jedoch gibt es andererseits auch Söhne, die, wenn sie älter werden, anfangen, gegen ihre Mutter zu rebellieren, und ihren eigenen Willen durchsetzen wollen.

Auch im erwachsenen Alter fühlen sich die Söhne von Narzisstinnen Frauen gegenüber unterlegen, weshalb sie dazu tendieren, sich ihren Partnerinnen unterzuordnen. Ihre Beziehungen sind von Misstrauen und Verlustängsten geprägt. Oftmals fühlen sie auch starke negative Gefühle gegenüber ihrer Partnerin oder einen generellen Hass gegen Frauen, da es ihnen Angst macht, wie sehr sie von ihnen abhängig sind.

Dieser Hass entsteht unter anderem auch dadurch, dass sie in ihrem Unterbewussten einen Hass auf ihre Mutter dafür verspüren, dass sie sich so sehr von ihr kontrolliert fühlen, sich aber dennoch nicht von ihr lösen können. Diesen Hass übertragen sie dann wiederum auf andere Frauen. Im Gegensatz dazu übernehmen einige Söhne von narzisstischen Müttern die narzisstischen Eigenschaften ihrer Mutter und verhalten sich selbst ihren Partnerinnen gegenüber manipulierend und egoistisch.

Dies kommt bei Söhnen eher vor als bei Töchtern, da narzisstische Mütter eher dazu neigen, ihre Söhne zu idealisieren und ihr Selbstbewusstsein aufzubauen, während sie ihre Töchter eher als eine Konkurrenz ansehen und sie daher erniedrigen.

Die narzisstische Mutter ist in dem Sinne von ihrem Sohn abhängig, dass sie ihn ihm eine Quelle männlicher Anerkennung sieht. Für sie ist es essenziell, dass ihr Sohn sie auf eine ungesunde Weise bewundert und abhängig von ihr ist, da dies ihr dabei hilft, ihr labiles Selbstwertgefühl aufzubauen. Deshalb kann sie nicht damit umgehen, wenn ihr Sohn Interesse an anderen Frauen entwickelt, und empfindet starken Neid gegenüber diesen. Sie mischt sich in die Beziehungen ihres Sohnes ein und sieht sie als eine Konkurrenz an.

In extremen Fällen kann die Mutter auch, je nachdem, wie die Beziehung zu dem Vater der Kinder ist, einen Partnerersatz in ihrem Sohn suchen. Dadurch können ödipale Probleme in der Beziehung zwischen Mutter und Sohn entstehen. Die verführerische, narzisstische Mutter sexualisiert die Beziehung zwischen ihr und ihrem Sohn und verhält sich ihrem Sohn gegenüber unangemessen.

Meist bleibt dieser Inzest zwar nur auf einer emotionalen Ebene, jedoch entwickeln die Söhne dennoch ödipale Fantasien und einen starken Sexualtrieb gegenüber ihrer Mutter. Die narzisstische Mutter reagiert darauf entweder, indem sie ihren Sohn in seinen Fantasien ermutigt oder indem sie ihn dafür beschämt und ihn selbst dafür schuldig macht, diese Gefühle entwickelt zu haben. Der Ödipuskomplex kann in diesem Fall größtenteils nur dadurch aufgelöst werden, wenn der Sohn eine enge Beziehung zu seinem Vater hat. Ist dies nicht der Fall, bindet sich der Sohn noch enger an seine Mutter und geht teilweise sogar so weit, seinen Vater als eine Konkurrenz anzusehen.

Im Großen und Ganzen entwickeln narzisstische Mutter eine sehr ungesunde Beziehung zu ihren Söhnen, die stark auf gegenseitiger Abhängigkeit basiert und darüber hinaus auch sexuelle Züge annehmen kann. Die Söhne werden dadurch für ihr ganzes Leben, vor allem im Umgang mit ihren späteren Partnerinnen, geprägt.

BEZIEHUNG ZWISCHEN NARZISSTISCHEN MÜTTERN UND IHREN TÖCHTERN

Anders als bei den Söhnen teilen narzisstische Mütter ihren Töchtern in den meisten Fällen die Rolle des Sündenbocks zu. Dies liegt daran, dass sie in ihren Töchtern eine weibliche Konkurrenz sehen und sie deshalb erreichen wollen, dass diese ein geringes Selbstwertgefühl entwickeln. Sie verspüren eine enorme Angst davor, dass ihre Tochter äußerlich attraktiver, intelligenter oder in anderen Bereichen besser als sie selbst sein könnte, da dies ihr schon geringes Selbstwertgefühl noch weiter beeinträchtigen würde. Um zu verhindern, dass ihre Tochter diese Eigenschaften entwickeln kann, und um ihren eigenen Selbstwert zu heben, kritisiert die narzisstische Mutter ihre Tochter für jedes kleinste Detail und gibt ihr das Gefühl, niemals gut genug sein zu können, wodurch sie starke Komplexe entwickelt.

Außerdem gibt es auch viele narzisstische Mütter, die sich selbst in ihrer Tochter sehen und versuchen, durch diese ihre eigenen Träume und Ziele zu verwirklichen. Sie streben danach, ihre Tochter zu einer Version von sich selbst zu formen, und übernehmen die volle Kontrolle über ihr Leben, sodass sie durch sie beispielsweise berufliche Ziele erreichen können, die sie selbst nicht erreichen konnten. Hierbei entsteht, wie bei der Mutter-Sohn-Beziehung, ein starkes Abhängigkeitsverhältnis.

Die Tochter fühlt sich abhängig von ihrer Mutter, da sie ihr ganzes Leben lang nur gelernt hat, nach den Idealen und Bedürfnissen ihrer Mutter zu leben. Auch die Töchter von narzisstischen Müttern entwickeln häufig keine stabile individuelle Persönlichkeit und können keine Entscheidungen für sich selbst und über ihr eigenes Leben treffen. Selbst im Erwachsenenalter fragen sie sich bei wichtigen Entscheidungen oftmals, wie ihre Mutter für sie entschieden hätte.

Aus dem Grund, dass narzisstische Mütter sich selbst in ihrer Tochter sehen, übertragen sie auch ihren Drang zum Perfektionismus auf ihre Tochter und erziehen sie dazu, nach außen stets perfekt und makellos zu wirken. Sie geben ihren Töchtern nur Liebe, wenn sie diese Standards von Perfektion aufrechterhalten, sonst erniedrigen sie diese. Daher lernen die Töchter früh, sich stets ihrer Umwelt und der Stimmung ihrer Mutter anzupassen, und haben extreme Ängste davor, Fehler zu machen.

Auch in ihrem späteren Leben haben die Töchter von Narzisstinnen Probleme damit, sich anderen zu widersetzen. Sie gehen mit einer großen Unsicherheit durch das Leben und lassen sich auch in ihren Beziehungen von ihren Partnern herumkommandieren, da sie in ihrer Kindheit gelernt haben, dass sie keine eigenen Entscheidungen über ihr Leben treffen dürfen.

Ein weiteres Merkmal der Beziehung zwischen einer narzisstischen Mutter und ihrer Tochter ist, dass die Mutter sich auch im späteren Leben ihrer Tochter oft in ihre Partnerschaften einmischt. Häufig ist dies sogar so extrem, dass die Mutter versucht, die Partner ihrer Tochter zu verführen oder ihrer Tochter verbietet, mit bestimmten Männern eine Beziehung einzugehen, und dann aber wiederum selbst versucht, eine Beziehung mit denselben Männern einzugehen.

Insgesamt ist die Beziehung zwischen einer narzisstischen Mutter und ihrer Tochter überwiegend durch Konkurrenzkämpfe und dadurch, dass die Mutter versucht, durch ihre Tochter zu leben und diese zu ihrem Abbild zu formen, geprägt.

PSYCHISCHE PROBLEME UND STÖRUNGEN, DIE BEI KINDERN AUFTRETEN KÖNNEN

Die Beziehung zwischen einer narzisstischen Mutter und ihren Kindern ist eine sehr ungesunde Bindung, die vor allem durch gegenseitige Abhängigkeit und übermäßige Kontrolle geprägt ist. Dadurch, dass die Erfahrungen, die man in seiner Kindheit sammelt, und die Beziehung, die man zu seiner Mutter aufbaut, entscheidend für eine gesunde psychische Entwicklung sind, entwickeln die meisten Kinder von Narzisstinnen aufgrund dieser schädlichen Bindung schwerwiegende psychische Probleme.

Durch den Drang der narzisstischen Mutter, sich in jeder Situation in den Mittelpunkt zu stellen, lernen ihre Kinder schon früh, auf sich allein gestellt zu sein, daher fällt es ihnen auch schwer, sich auf andere Menschen zu verlassen. Sie entwickeln oft schon früh Vertrauensprobleme und verhalten sich gegenüber anderen Menschen außerhalb ihrer Familie zurückhaltend.

Zudem können die Kinder in den meisten Fällen keine eigene stabile Persönlichkeit entwickeln, da ihre Mutter jederzeit die Kontrolle über ihr Leben und ihre Entscheidungen übernimmt. Sie erlernen, zu denken, dass sie nur liebenswert und wertvoll sind, wenn sie die hohen Erwartungen ihrer Mutter erfüllen. Es kommt dazu, dass die Kinder sich pathologisch an ihre Mutter und ihren Willen angleichen und sozusagen nur zu einem Spiegelbild ihrer Mutter werden, statt einem eigenständigen Individuum. Oft verlieren Kinder von Narzissten den Zugang zu ihren eigenen Gefühlen und Wünschen.

Daher können sie selbst häufig nicht ausdrücken, wie sie sich fühlen oder was sie wollen. Sie sind nicht dazu imstande, in irgendeiner Weise die Fähigkeit der Eigenständigkeit zu erlernen und sind immer darauf angewiesen, Anweisungen von ihrer Mutter, aber auch von anderen Mitmenschen zu bekommen.

Außerdem entwickelt sich oftmals auch zwischen den Geschwistern eine schädliche Beziehung, da sie von ihrer Mutter unterschiedlich behandelt, miteinander verglichen und gegeneinander ausgespielt werden. Viele Geschwister, die eine narzisstische Mutter haben, empfinden einen extremen Neid und teilweise Hass gegenüber einander.

In vielen Fällen sind die Kinder so abhängig von ihrer Mutter, dass sie gar nicht realisieren, dass in der Familie ein Problem vorliegt. Dennoch leiden sie durch den Druck, den ihre Mutter auf sie ausübt, unter einem permanenten Zustand von innerer psychischer Anspannung, wodurch sie erhebliche psychische Krankheiten entwickeln können. Die narzisstischen Mütter erkennen es in den meisten Fällen nicht an, wenn ihr Kind unter einer psychischen Krankheit leidet. Oft schämen sie sich für ihr Kind, da dies nicht in ihre Vision von einer perfekten Familie passt, und bringen das Kind dazu, seine Symptome zu unterdrücken. Dies kann die Symptome entweder verschlimmern oder die Kinder verdrängen diese auf eine ungesunde Art in ihr Unterbewusstsein.

Manchmal treten die Symptome auch phasenweise wieder auf oder das Kind entwickelt neue Symptome. Die Mutter sieht es als unmöglich an, selbst für die Probleme des Kindes verantwortlich sein zu können, und gibt entweder dem Kind selbst, anderen Personen oder äußerlichen Faktoren die Schuld dafür.

Andererseits gibt es jedoch auch narzisstische Mütter, die zwar anerkennen, dass ihr Kind ein Problem hat, dies aber dazu nutzen, um sich selbst in den Mittelpunkt zu stellen und um sich selbst in die Opferrolle zu setzen. Sie beklagen sich darüber, wie schwer sie es mit ihrem Kind haben und wie sehr sie durch ihr Kind belastet werden.

Im folgenden Absatz werden einige der psychischen Krankheiten, die die Kinder entwickeln könnten, kurz erläutert.

Aggressives oder asoziales Verhalten

Einige Kinder entwickeln durch die permanente Kontrolle der Mutter eine aggressive Einstellung ihrer Umwelt gegenüber. Sie fühlen sich zu Hause eingeengt und müssen alle ihre eigenen Gefühle unterdrücken, daher lassen sie häufige ihre unterdrückten Gefühle in Form von Aggressionen an ihrer Umwelt und ihren Mitmenschen aus.

Angststörungen oder Phobien

Durch die instabile Bindung zu ihrer Mutter fühlen sich die Kinder konstant unsicher und sie erlernen, jederzeit in Gefahr sein zu können, da die narzisstische Mutter sie teilweise extrem für kleine Fehler bestraft. Daraus können sich auch andere extreme Ängste entwickeln. Vor allem im Zusammenhang mit ihrem sozialen Umfeld entwickeln die Kinder Phobien, da sie schon in ihrer frühen Kindheit ihre Mutter nicht als eine Vertrauensperson erleben konnten und diese sie oft zurückgewiesen hat. Daher konnten die Kinder nie wirklich lernen, Vertrauen zu anderen Menschen aufzubauen, und leiden später in vielen Fällen beispielsweise an einer Sozialen- oder einer Agoraphobie. Viele Kinder leiden zudem unter Schulangst, dies kann durch den starken Druck durch die Mutter, gute Leistungen zu erbringen erklärt werden. Aber auch andere Phobien, wie eine Spinnenphobie, treten oft auf.

Essstörungen

Die narzisstische Mutter überträgt häufig auch ihren krankhaften Perfektionismus auf ihre Kinder. Diese entwickeln aus diesem Grund starke Komplexe, vor allem wenn es um ihr Äußeres geht, da sie durch ihre Mutter beigebracht bekommen, dass ihr Äußeres sehr wichtig ist. Um dem Ideal ihrer Mutter zu entsprechen, entwickeln die Kinder nicht selten Essstörungen wie Anorexie, Bulimie oder eine Binge-Essstörung. Ein weiterer Grund, warum die Kinder diese Störungen entwickeln, ist, dass Essstörungen den Betroffenen oftmals ein Gefühl der Kontrolle geben. Dadurch, dass die Kinder in fast allen Bereichen ihres Lebens durch ihre

Mutter kontrolliert werden, kann es ihnen das Gefühl geben, zumindest in einem Bereich ihres Lebens selbst die Kontrolle übernehmen zu können.

Zwangsstörungen

Wie auch die bei den Essstörungen kann die Entstehung von Zwangsstörungen bei Kindern von Narzisstinnen durch den krankhaften Perfektionismus und durch das Verlangen nach Kontrolle erklärt werden. Die Kinder können zu zum Beispiel Ordnungs- oder Kontrollzwänge entwickeln.

Bindungsstörungen

Die Kinder sind in vielen Fällen auf eine ungesunde Art von ihrer Mutter abhängig und verspüren starke Trennungsängste. Dies überträgt sich häufig auch auf Bindungen mit anderen Menschen. Sie haben Probleme damit, Vertrauen und Nähe zu ihren Mitmenschen aufzubauen, da sie dies nie in der Bindung zu ihrer Mutter erlernen konnten.

Depressionen und Suizidgedanken/versuche

Oftmals leiden die Kinder so sehr unter dem psychischen Druck, den ihre Mutter auf sie ausübt, dass sie eine Depression entwickeln können. In extremen Fällen kann dies sogar bis zu Suizidgedanken oder letztendlich zu Suizidversuchen führen.

Alkohol oder Drogenmissbrauch

Es kann teilweise vorkommen, dass die Kinder im Jugendalter anfangen, Alkohol oder Drogen zu konsumieren, um sich von dem psychischen Stress abzulenken.

Narzisstische Persönlichkeitsmerkmale

Vor allem Kinder, die in der Rolle des goldenen Kindes aufgewachsen sind und von ihrer Mutter eher idealisiert als kritisiert wurden, können schon früh einige narzisstische Persönlichkeitsmerkmale ihrer Mutter übernehmen. Nicht selten führt dies dazu, dass sie im Erwachsenenalter auch selbst eine narzisstische Persönlichkeitsstörung entwickeln.

Weiterer Störungen

Weitere psychische Störungen, die bei Kindern von narzisstischen Müttern auftreten können, wären zum Beispiel ADHS, Schlafstörungen, Sprachstörungen, Ticstörungen, Konzentrationsstörungen, Lese-Rechtschreibschwächen oder Rechenstörungen.

BLEIBENDE PSYCHISCHE SCHÄDEN IM ERWACHSENENALTER

Viele der psychischen Probleme und Verhaltensweisen, die die Kinder bereits in ihrer Kindheit entwickeln, beeinflussen sie auch noch, wenn sie das Erwachsenenalter erreicht haben.

Erwachsene, die mit einer narzisstischen Mutter aufgewachsen sind, sind oftmals sehr unselbstständig. Es fällt ihnen schwer, eigene Entscheidungen zu treffen, sie treffen diese oft danach, wie ihre Mutter für sie entschieden hätte, oder lassen ihre Mutter, wenn sie noch in Kontakt mit ihr sind, auch im Erwachsenenalter noch alle Entscheidungen für sich treffen.

Sie haben starke Probleme damit zu definieren, wer sie selbst sind, und ihre eigenen Interessen und Wünsche zu verstehen, da sie nie die Möglichkeit hatten, ihre eigene Persönlichkeit frei zu entwickeln. Oft fühlen sie sich gezwungen, immer wie andere Menschen sein zu müssen, um akzeptiert zu werden, da ihre Mutter sie als Kind versucht hat, zu ihrem Spiegelbild zu formen. Ihnen ist es sehr wichtig, dass sie ihren Mitmenschen jederzeit gefallen. Dafür ihre eigenen Interessen und Willen zu verfolgen, empfinden sie nicht selten Schuldgefühle, da sie als Kinder beigebracht bekommen haben, dass es falsch ist, wenn sie eigene Wünsche äußern. Zudem fällt es ihnen schwer, ihre eigene Meinung zu äußern und für diese einzutreten.

Wie auch ihre narzisstische Mutter haben sie erhebliche Probleme damit, mit Kritik umzugehen, da sie oft das labile Selbstwertgefühl ihrer Mutter selbst übernehmen. Selbst kleine kritische Bemerkungen können ihr Selbstwertgefühl enorm heruntersetzen und sie in tiefe Krisen stürzen.

Sie reagieren auch generell sehr sensibel auf ihre Umwelt und es fällt ihnen schwer, Vertrauen oder engere Bindungen zu ihren Mitmenschen aufzubauen. In vielen Fällen isolieren sie sich von ihren Mitmenschen, da sie starke Ängste davor haben, verlassen zu werden, und sie so verhindern, dass überhaupt Menschen in ihrem Umfeld existieren, von denen sie verlassen werden könnten. Einige Erwachsene, die in ihrer Kindheit durch eine narzisstische Mutter geprägt worden sind, entwickeln auch das Helfersyndrom. Aus dem Grund, dass viele sich in ihrer Kindheit eher um ihre Mutter kümmern mussten, als diese sich um sich gekümmert hat, versuchen sie auch im Erwachsenenalter, immer anderen Menschen krankhaft zu helfen, auch wenn es ihnen selbst schadet oder sie dafür ihre eigenen Bedürfnisse vernachlässigen müssen.

Die Beziehung zwischen Geschwistern, die mit einer narzisstischen Mutter aufgewachsen sind, ist oftmals selbst im Erwachsenenalter sehr geschädigt. Durch den Neid und andere negative Gefühle, die die Beziehung der Geschwister in der Kindheit geprägt haben, können sie in vielen Fällen auch später keine gesunde und liebende Beziehung zueinander aufbauen.

Trotz dieser psychischen Belastungen kommt es dennoch oft vor, dass die Kinder von Narzisstinnen als Erwachsene zumindest nach außen sehr erfolgreich wirken. Manche erreichen die hohen Ziele, die ihre Mutter ihnen vorgegeben hat, was jedoch oft nur wegen des enormen Leistungsdrucks und dem wahnhaften Perfektionismus der Fall ist.

Sie sind häufig entgegen des nach außen erfolgreich scheinenden Lebens eher unglücklich, was vor allem daran liegt, dass sie nicht ihre eigenen Ziele und Träume verwirklicht haben, sondern nur die ihrer Mutter. Außerdem kommt es auch vor, dass sie selbst eine narzisstische Persönlichkeitsstörung entwickeln und sich anderen Menschen gegenüber egoistisch und ausbeutend verhalten, um ihr eigenes geringes Selbstwertgefühl zu heben.

Auch die späteren Beziehungen werden durch die Kindheit mit einer narzisstischen Mutter beeinflusst. Viele Betroffene haben falsche und ungesunde Vorstellungen davon, was Beziehungen und Liebe sind. Sie haben in ihrer Kindheit nämlich gelernt, dass sie nur Liebe bekommen, wenn sie das tun, was ihnen ihre Mutter vorschreibt, deshalb gehen sie davon aus, dass sie von ihren Partnern nur geliebt werden können, wenn sie sich diesem unterwerfen und auf dessen Anweisungen hören. Diese ungesunden Denkweisen sind häufig schwer zu korrigieren und führen dazu, dass die Betroffenen meist toxische Beziehungen führen. Sie suchen sich auch oft selbst narzisstische Partner oder Freunde, da sie das Verlangen nach jemanden haben, der über sie bestimmt und ihnen Anweisungen gibt.

Des Weiteren übernehmen die Betroffenen die psychischen Krankheiten, die sie schon als Kinder entwickelt haben, auch ins Erwachsenenalter und können ihr ganzes Leben unter diesen leiden.

Insgesamt ist es für die Kinder von Narzisstinnen selbst im Erwachsenenalter schwer, ein normales Leben zu führen und gesunde Bindungen zu ihren Mitmenschen zu formen. Sie haben in ihrer Kindheit zahlreiche schädliche Verhaltens- und Denkweisen erlernt, von denen sie sich häufig nur schwer wieder lösen können.

Welche Therapiemöglichkeiten gibt es?

THERAPIEMÖGLICHKEITEN FÜR KINDER EINER NARZISSTISCHEN MUTTER

Vielen Menschen, die mit einer narzisstischen Mutter aufgewachsen sind, fällt es schwer, sich selbst einzugestehen, dass sie eine Therapie benötigen könnten. Dies ist darin begründet, dass ihre Mutter ihnen eingeredet hat, dass ihre Probleme nicht wirklich existieren, oder sie gelernt haben, dass diese nicht in das perfekte Bild ihres Lebens passen und sie daher Scham für ihre Probleme empfinden.

Auch die Kontrolle, die die Mutter ausübt, hindert die Betroffenen häufig, selbst als Erwachsene, daran, Hilfe aufzusuchen, da sie immer noch mit der Angst leben, ihre Mutter zu enttäuschen. Darüber hinaus kommt auch noch hinzu, dass es einigen Betroffenen schwerfällt einzusehen, dass ihre Mutter sich ihnen gegenüber schlecht verhalten hat, da sie in ihrer Kindheit erlernt haben, dass dieses Verhalten normal wäre. Oft verteidigen sie das Fehlverhalten ihrer Mutter und verspüren selbst Schuldgefühle dafür, ihr Verhalten als schlecht einzustufen. Daher ist der erste und wichtigste Schritt, wenn Sie eine narzisstische Mutter haben, sich selbst einzugestehen, dass etwas in der Familie falsch gelaufen ist und dass sie sich nicht dafür schuldig fühlen müssen, wenn sie Hilfe aufsuchen.

In den meisten Fällen ist es definitiv notwendig, sich professionelle Hilfe zu suchen und eine Psychotherapie zu machen, da die Betroffenen viele ungesunde Denk- und Verhaltensweisen in ihrer Kindheit erlernt haben, die sie nur schwer selbst korrigieren können.

Bei Kindern, die diese Denk- und Verhaltensweisen noch nicht so stark verinnerlicht haben, kann es jedoch auch schon helfen, wenn sie eine verständnisvolle Bezugsperson haben, die unabhängig von ihrer

Mutter ist und mit der sie sich über ihre Gefühle und Erfahrungen austauschen können. Diese Bezugsperson sollte ein gutes Einfühlungsvermögen besitzen und dem Kind erklären können, dass es eine eigenständige Person sein darf und sich nicht dafür schuldig fühlen muss, nicht einzig allein dem Willen seiner Mutter zu folgen.

Dies hilft dem Kind nämlich schon früh, die toxischen Verhaltensweisen seiner Mutter zu erkennen und zu lernen, dass es selbst keine Schuld dafür trägt. Es lernt außerdem, eine gesunde Bindung zu einer Bezugsperson aufzubauen und dass es eine andere Realität als die seiner Mutter gibt. Im Idealfall hilft dies den Kindern, die ungesunden Denkmuster, die sie durch ihre Mutter erlernt haben, schon früh wieder zu korrigieren, sodass sie als Erwachsene selbstständig sein, destruktive Verhaltensweisen bei anderen schnell erkennen und gesunde Beziehungen zu anderen Menschen aufbauen können.

Sollten die Betroffenen jedoch nicht in der Lage gewesen sein, ihre Denkweisen schon in ihrer Kindheit zu korrigieren, ist es sehr wichtig, in Form von einer Therapie professionelle Hilfe in Anspruch zu nehmen. Es ist sehr wichtig, dass Sie einen geeigneten Therapeuten finden. Der Therapeut sollte emphatisch sein und es ist zusätzlich von Vorteil, wenn er schon Erfahrungen mit Persönlichkeitsstörungen oder speziell mit Narzissmus sammeln konnte. Es ist ratsam, anfangs mehrere Therapeuten kennenzulernen, um einen geeigneten zu finden und verschiedenen Therapiemethoden auszuprobieren, da viele Betroffenen auch unter weiteren psychischen Erkrankungen leiden, welche individuell behandelt werden müssen. Falls Sie in der ersten oder auch in späteren Sitzungen merken, dass Ihr Therapeut ungeeignet ist oder Sie sich bei ihm nicht wohlfühlen, sollten Sie lieber andere Therapeuten aufsuchen, bis Sie einen geeigneten finden können.

In der Therapie an sich geht es hauptsächlich darum, die toxischen Verhaltensweisen der eigenen Mutter zu erkennen und zu verstehen, welche Auswirkungen, diese auf das Leben und Verhalten der Betroffenen hat. Man deckt die ungesunden Botschaften und Ansichten, die man durch die Mutter vermittelt bekommen hat, auf und ersetzt sie durch gesündere Denkweisen. Die krankhafte Familiendynamik wird bewusst betrachtet und der Therapeut hilft seinem Patienten dabei, Lösungsstrategien zu entwickeln.

Außerdem ist es wichtig, dass die Betroffenen ein stabiles Selbstwertgefühl aufbauen und lernen, nicht mehr von der Kontrolle der Mutter abhängig zu sein.

Dies hilft ihnen, ihre eigene Persönlichkeit zu entwickeln und eigenständige Entscheidungen zu treffen. Somit sind sie in der Lage, ihr Leben selbst in die Hand zu nehmen, ohne sich von ihrer Mutter beeinflussen zu lassen.

Insgesamt ist es häufig schwierig für Menschen, die mit einer narzisstischen Mutter aufgewachsen sind, sich die Hilfe zu holen, die sie benötigen, da sie viele ungesunde Denkweisen verinnerlicht haben, wenn sie jedoch die Stärke finden, eine Therapie in Anspruch zu nehmen, können diese Denkweisen korrigiert werden und es wird den Betroffenen ermöglicht, ein normales Leben zu führen.

THERAPIEMÖGLICHKEITEN FÜR NARZISSTISCHE MÜTTER

In den meisten Fällen lassen Narzissten ihre psychische Störung nicht behandeln. Sie erkennen nämlich ihre eigenen Probleme nicht oder leugnen, eine Störung zu haben, da sie dies als ein Makel ansehen würden. Eine psychische Störung würde im Gegensatz zu dem perfekten Bild, das sie der Außenwelt von sich präsentieren wollen, stehen. Zudem sehen sie sich oft als zu überlegen und besonders, um an einer psychischen Erkrankung leiden zu können.

Falls Narzissten sich jedoch entscheiden, einen Therapeuten aufzusuchen, dann tun sie dies überwiegend aus egoistischen Gründen. Ein Grund kann zum Beispiel sein, dass sie weitere psychische Erkrankungen wie Depressionen entwickeln, die ihr Leben stark negativ beeinflussen, und sie sich daher für eine Therapie entscheiden. Einige willigen auch in eine Therapie ein, wenn sie von ihrem Umfeld stark genug dazu gedrängt werden.

In manchen Fällen ist bei narzisstischen Müttern auch ein Kontaktabbruch ihres Kindes ein Ereignis, dass sie zum Nachdenken bringt, da sie oft sehr stark davon abhängig sind, die Bewunderung ihres Kindes ihnen gegenüber zu erhalten, und da sie das Kind als eine Erweiterung ihres Selbst betrachten. Daher fühlen sie sich durch einen Kontaktabbruch, als hätten sie die Kontrolle über einen Teil von sich selbst verloren, und sehen eine Therapie als einen Versuch, ihr Kind zurückzugewinnen.

Trotz dessen brechen die meisten Narzissten ihre Therapie oftmals nach einigen Sitzungen ab. Dennoch ist es einen Versuch wert, wenn Sie mit Ihrer narzisstischen Mutter über die Möglichkeit einer Therapie reden, jedoch sollten Sie sich darauf einstellen, dass sie mit hoher Wahrscheinlichkeit nicht auf den Vorschlag eingehen und leugnen wird, ein Problem zu haben, oder sich durch den Vorschlag angegriffen fühlen wird.

Außerdem ist es auch relativ schwer, aufgrund der geringen Selbsteinsicht, eine narzisstische Persönlichkeitsstörung komplett zu heilen, trotzdem können aber wenigstens die Symptome vermindert werden, sodass die Belastung, die sie ihrem Umfeld gegenüber ausüben, verringert werden kann.

Für Therapeuten ist es besonders schwer, einen Patienten mit einer narzisstischen Persönlichkeitsstörung zu behandeln, da diese ihre eigenen Probleme nicht einsehen wollen, wodurch es schwierig ist, diese Probleme direkt anzusprechen und offen darüber zu reden. Oft sind Narzissten auch der Ansicht, dass sie wegen ihres Gefühls der Überlegenheit einen Anspruch auf eine besondere Behandlung hätten, oder sie versuchen, ihren Therapeuten zu manipulieren und diesen unter ihre Kontrolle zu bringen. Narzissten versuchen oftmals, ihre Therapeuten zu einem bestimmten Verhalten zu drängen. Es kommt auch oft vor, dass sie sie entweder sehr stark idealisieren und bewundern oder ihnen gegenüber starke negative Gefühle wie

Neid empfinden. Diese Gefühle können auch immer von einem Extrem zum anderen schwanken.

Aus diesem Grund ist es enorm wichtig, dass der Therapeut bei der Behandlung eines Narzissten klare Grenzen setzt, die nicht überschritten werden dürfen. Zudem muss er sich seinem Patienten gegenüber trotz dessen Verhalten, das seinen Mitmenschen schadet, einfühlsam und verständnisvoll verhalten. Ein Narzisst sollte nicht direkt mit seinem Verhalten konfrontiert werden, da er dies als falsche Anschuldigungen betrachten würde und sich aufgrund seiner geringen Fähigkeit, mit Kritik umgehen zu können, angegriffen fühlen würde. Der Therapeut darf das Verhalten seines Patienten auch nicht moralisch als richtig oder falsch bewerten, sondern muss in der Lage dazu sein, dieses neutral zu betrachten.

Im Rahmen der Therapie wird versucht, die ungesunden Denkmuster des Patienten, die sein schädliches Verhalten gegenüber seinen Mitmenschen auslösen, zunächst zu identifizieren und sie dann zu korrigieren. Dies erfolgt beispielsweise dadurch, dass der Patient lernt, sein Selbstwertgefühl nicht mehr von anderen Personen und oberflächlichen Eigenschaften abhängig zu machen, sodass er selbst lernt, ein stabiles Selbstwertgefühl aufzubauen. Die Empathiefähigkeit kann unter anderem durch Rollenspiele, bei denen dem Patienten bewusst werden kann, wie sein Verhalten auf andere Menschen wirkt und welche Gefühle es bei ihnen auslöst, trainiert werden.

Letztendlich ist es trotz allem schwer, seine narzisstische Mutter von ihrer psychischen Krankheit zu befreien, da sie es in den meisten Fällen selbst nicht für nötig hält. Deshalb ist es für ihre Kinder ratsam, dass sie sich nicht zu viele Hoffnungen und Mühe dabei machen sollten, ihrer Mutter zu helfen, sondern sich eher darum kümmern sollten, ihre eigenen psychischen Probleme zu behandeln. Es ist nämlich wichtig zu realisieren, dass man als Kind nicht dafür verantwortlich ist, seine Eltern zu heilen, diese Verantwortung tragen die narzisstischen Mütter selbst.

Umgang mit einer narzisstischen Mutter

TIPPS FÜR DEN UMGANG UND DAS ZUSAMMENLEBEN MIT EINER NARZISSTISCHEN MUTTER

Es ist eine schwere psychische Belastung, eine narzisstische Mutter zu haben, vor allem, wenn man noch mit ihr zusammenlebt und noch nicht die Möglichkeit dazu hat, auszuziehen. Um Ihnen dennoch das Zusammenleben mit Ihrer Mutter zu erleichtern, werden hier nun einige Tipps für den Umgang mit Narzissten aufgeführt.

Zunächst einmal ist es enorm wichtig, dass Sie Ihr eigenes Selbstbewusstsein stärken und Sie lernen, Ihren eigenen Wert anzuerkennen. Dies hilft Ihnen dabei, obwohl Ihre Mutter versucht, Sie zu erniedrigen und Ihnen das Gefühl zu geben, Sie seien nichts wert, ein stabiles Selbstwertgefühl zu behalten. Lösen Sie sich von der Denkweise, dass Ihr Selbstwert von der Anerkennung Ihrer Mutter abhängig ist, denn sie wird, egal, wie sehr Sie versuchen, ihre Erwartungen zu erfüllen, mit hoher Wahrscheinlichkeit niemals damit zufrieden sein und immer höhere Erwartungen stellen.

Auch auf emotionaler Ebene sollten Sie versuchen, sich von Ihrer Mutter zu distanzieren. Falls Sie zum Beispiel Trost oder einen Ratschlag brauchen, ist es meist besser, wenn Sie sich an eine andere Person wenden, die Ihnen nahe steht und einfühlsam ist. Ihre narzisstische Mutter besitzt nämlich nur eine geringe Empathiefähigkeit und kann Ihnen daher nicht den Trost spenden, den Sie benötigen.

Oft würde sie sogar eher bewirken, dass Sie sich noch schlechter fühlen und Ihnen Schuldgefühle machen oder sich selbst in den Mittelpunkt stellen und über ihre eigenen Probleme reden, statt Ihnen zuzuhören. Deshalb ist es generell wichtig, dass Sie andere Menschen finden, die verständnisvoll mit Ihnen umgehen und mit denen Sie über Ihre Sorgen sprechen können. Sie können auch zum Beispiel Selbsthilfegruppen aufsuchen, um sich mit anderen Menschen, die auch Erfahrungen mit narzisstischen Eltern gemacht haben, auszutauschen.

Ein weiterer Tipp ist, dass Sie sich einen Ausgleich suchen sollten, der Sie von Ihrem negativen Umfeld ablenken kann und Ihnen dabei helfen kann, dieses besser zu verarbeiten. Das kann beispielsweise ein Hobby oder ein Verein sein, wodurch sie vielleicht wenigstens für eine kurze Zeit Ihr toxisches Umfeld verlassen können.

Außerdem sollten Sie lernen, auf Ihre eigenen Bedürfnisse zu achten und diese zu priorisieren. Ihre Mutter versucht zwar, Ihnen einzureden, dass es falsch ist, eigene Bedürfnisse zu haben, und Sie egoistisch sind, wenn Sie nicht stets die Bedürfnisse von ihr erfüllen, jedoch stimmt dies nicht. Sie haben das Recht, einen eigenen Willen und eigene Ziele zu haben und diese durchzusetzen, und Sie sollten sich nicht dafür schuldig fühlen, wenn Sie Ihrer Mutter „nein" sagen und Ihre eigenen Bedürfnisse priorisieren.

Generell sollten Sie versuchen, die Vorwürfe Ihrer Mutter nicht ernst zu nehmen und sich keine Schuldgefühle machen zu lassen. Narzissten versuchen nämlich, sich selbst immer in die Opferrolle zu setzen, und stellen stets ihre Mitmenschen als die Übeltäter dar, auch wenn sie selbst in den meisten Fällen die Schuldigen sind. Daher ist es wichtig, dass Sie sich selbst keine Vorwürfe machen und sich klarmachen, dass Ihre Mutter nur versucht, Sie zu manipulieren.

Machen Sie sich auch keine Vorwürfe dafür, dass die Beziehung zwischen Ihnen und Ihrer Mutter keine enge und gesunde Beziehung ist, oder wenn es Ihnen schwerfällt, Ihre Mutter wirklich zu lieben. Dies liegt nicht an Ihnen, sondern daran, dass Narzissten schlicht nicht in der Lage sind, gesunde und tiefergehende Beziehungen aufzubauen.

Oft versuchen Narzissten auch, Sie durch Lügen zu manipulieren, daher sollten Sie nicht allem, was Ihre Mutter Ihnen erzählt, Glauben schenken. Vertrauen Sie stattdessen nur auf klare Fakten, von denen Sie wissen, dass sie der Wahrheit entsprechen, und lassen Sie sich nicht von Ihrer Mutter täuschen.

Hinsichtlich Ihrer eigenen Sicherheit ist es außerdem wichtig, dass Sie Warnsignale ernst nehmen und sich aus dem Umfeld Ihrer Mutter entfernen, falls Sie beispielsweise aggressiv wirkt. Narzissten haben nämlich kein Problem damit, Sie emotional oder durch Gewalt zu missbrauchen. Daher ist es ratsam, wenn Sie versuchen, sich bei einer drohenden Gefahr aus dem Umfeld Ihrer Mutter zu entfernen. Am besten wäre es, sich bei einer Person Ihres Vertrauens zurückzuziehen, bis Ihre Mutter sich beruhigt hat.

Zudem sollten Sie klare Grenzen im Umgang mit Ihrer Mutter setzen und für diese eintreten. Narzisstische Mütter versuchen, das Leben Ihrer Kinder in jedem Bereich unter Kontrolle zu haben, und greifen daher häufig erheblich in ihre Privatsphäre ein. Setzen Sie Ihrer Mutter in dieser Hinsicht klare Grenzen und zeigen Sie ihr, dass diese nicht überschritten werden dürfen. Sie hat nämlich kein Recht darauf, sich in Ihr privates Leben einzumischen, wenn sie dies nicht wollen, oder Ihnen die Möglichkeit zu nehmen, freie Entscheidungen zu treffen.

Trotz des schlechten Verhaltens Ihrer Mutter ist es dennoch wichtig, dass Sie selbst sich ihr gegenüber dennoch respektvoll verhalten. Sie sollten nicht die herabwürdigenden Verhaltensweisen Ihrer Mutter nachahmen, dies kann in den meisten Fällen die Situation nur verschlimmern. Sie müssen sich zwar nicht dazu gezwungen fühlen, sich liebevoll oder übermäßig freundlich gegenüber Ihrer Mutter zu verhalten, jedoch ist es ratsam, sich auf eine neutrale Weise Ihr gegenüber respektvoll zu verhalten. Dies hilft dabei, eskalierende Auseinandersetzungen zwischen Ihnen und Ihrer Mutter zu verhindern und bewahrt Sie selbst davor, sich die ungesunden Verhaltensweisen Ihrer Mutter anzueignen.

Besonders vorsichtig sollten Sie dabei sein, wenn es darum geht, etwas an Ihrer Mutter oder Ihrem Verhalten zu kritisieren. Narzissten reagieren nämlich wegen Ihres labilen Selbstwertgefühls extrem empfindlich auf Kritik und können mit dieser nicht wirklich gut umgehen. Daher sollten Sie es im besten Falle komplett vermeiden, Kritik an Ihrer Mutter zu äußern.

Falls Sie es aber dennoch einmal für absolut notwendig halten, eine bestimmte Sache zu kritisieren, dann ist es am sinnvollsten, diese Kritik sehr vorsichtig zu äußern. Es ist am effektivsten und am sichersten, wenn Sie die Kritik hinter einem Kompliment verstecken.

Zum Beispiel könnten Sie, wenn Sie vielleicht erreichen möchten, dass Ihre Mutter ein bestimmtes Verhalten von sich ändert, zunächst einmal etwas an diesem Verhalten loben und Ihr danach die Veränderung, die Sie sich wünschen würden, in Form eines Verbesserungsvorschlages mitteilen. Dadurch sieht Ihre Mutter dies nicht als eine Kritik, sondern als einen Vorschlag, wie sie ihrem Ideal der Perfektion noch näherkommen kann. Dies gibt ihr eher einen Antrieb dazu, ihr Verhalten zu ändern, als eine direkte Kritik.

Allerdings wird es auch auf diese Weise schwer sein, jedes der schädlichen Verhalten Ihrer Mutter zu verändern. Daher ist es wichtig, dass Sie realisieren, dass Sie selbst nicht in der Lage sind, das Verhalten Ihrer Mutter zu korrigieren oder sie von Ihrer narzisstischen Persönlichkeitsstörung zu heilen. Sie können zwar versuchen, Ihr eine Therapie als eine Möglichkeit nahezubringen, jedoch ist es letztendlich die Entscheidung Ihrer Mutter, ob Sie etwas an Ihrem eigenen Verhalten ändern will oder nicht. Daher sollten Sie sich selbst immer daran erinnern, dass Sie keine Verantwortung dafür tragen und sich auch nicht dafür schuldig fühlen müssen.

Falls die Situation mit Ihrer Mutter jedoch extrem eskaliert oder Sie dieses toxische Umfeld psychisch so sehr belastet, dass Sie es nicht mehr aushalten können, ist es wahrscheinlich am besten, wenn Sie nach Möglichkeiten suchen, wie Sie sich von diesem Umfeld befreien und endlich einen Schlussstrich ziehen können, denn nur so können Sie sich letztendlich komplett von diesen psychischen Belastungen distanzieren und sich von den Folgen erholen.

MÖGLICHKEITEN, UM SICH AUS DEM SCHÄDLICHEN UMFELD ZU BEFREIEN

Damit Sie sich vollständig von Ihren ungesunden Denk- und Verhaltensweisen, die Sie in Ihrer Kindheit durch Ihre Mutter erlernt haben, lösen und ein normales und selbstständiges Leben führen können, ist es in den meisten Fällen essenziell, dass Sie sich aus dem schädlichen Umfeld Ihrer Mutter auf physischer, aber auch auf emotionaler Ebene befreien. Dadurch, dass es für viele Personen, die mit einer Narzisstin als Mutter aufgewachsen sind, sehr schwer ist, sich von dieser zu lösen, da die Betroffenen oftmals extrem abhängig von Ihrer Mutter sind, werden hier nun einige Tipps erläutert, die Ihnen in dieser Situation helfen können.

Zunächst einmal sollten Sie ein gesundes Selbstvertrauen aufbauen. Dies wird Ihnen nämlich dabei helfen zu erkennen, dass Sie auch allein und ohne Ihre Mutter auskommen können und in der Lage dazu sind, Ihr Leben in Ihre eigene Hand zu nehmen. Außerdem sollten Sie daran arbeiten, Ihre eigene individuelle Persönlichkeit aufzubauen, und lernen, wer Sie selbst eigentlich sind, um sich von Ihrer Mutter abzugrenzen und nicht mehr als eine Erweiterung von ihr zu leben.

Es wird Ihnen zwar anfangs wahrscheinlich schwerfallen, ohne Ihre Mutter auszukommen, da Sie in Ihrer Kindheit aufgrund Ihrer eingeschränkten Selbstständigkeit viele Fähigkeiten nicht erlernen konnten, jedoch können Sie dies jederzeit problemlos nachholen. Mit der Zeit wird es Ihnen auch immer leichter fallen, selbstständig zu leben. Es ist sehr empfehlenswert, dass Sie sich einen Therapeuten suchen, der Sie in diesen Aspekten beraten und unterstützen kann.

Sie können sich auch Unterstützung bei anderen Personen suchen, denen Sie vertrauen, die Ihnen dabei helfen können, sich in physischer Hinsicht von Ihrer Mutter zu entfernen. Falls Sie zum Beispiel eine gute Beziehung zu Ihrem Vater haben und er auch unter dem Verhalten Ihrer Mutter leidet, könnten Sie gemeinsam mit ihm Ihre Mutter verlassen.

Eine weitere wichtige Entscheidung, die Sie treffen müssen, ist, ob Sie den Kontakt zu Ihrer Mutter komplett abbrechen möchten. Diese Entscheidung müssen Sie für sich selbst treffen, wenn Sie aber glauben, dass Ihnen jeglicher Kontakt mit Ihrer Mutter schadet, ist dies wahrscheinlich die beste Entscheidung. Jedoch ist das für viele Betroffene wegen der Abhängigkeit zu ihrer Mutter sehr schwierig, daher könnten Sie auch versuchen, den Kontakt zunächst nur zu reduzieren oder nur phasenweise abzubrechen. In jedem Falle ist es aber wichtig, dass Sie sich emotional von Ihrer Mutter distanzieren. Warten Sie nicht auf die Liebe oder Anerkennung Ihrer Mutter, denn mit hoher Wahrscheinlichkeit werden Sie diese niemals bekommen.

Oft müssen Sie außerdem akzeptieren, dass Sie vielleicht auch andere Familienmitglieder aufgeben müssen. Wenn diese beispielsweise auf der Seite Ihrer Mutter stehen und Ihnen auch schaden, ist es besser für Sie selbst, wenn Sie sich auch von diesen distanzieren.

Zudem sollten Sie niemals Schuldgefühle dafür empfinden, sich von Ihrer Mutter oder anderen Menschen, die Ihnen nicht guttun, zu entfernen. Diese Menschen tragen nämlich selbst die Verantwortung für ihr schlechtes Verhalten und Sie haben ein Recht darauf, sich davon zu distanzieren, wenn es Ihnen schadet.

Letztendlich ist es zwar kein einfacher Prozess, von den tiefen Wunden, die eine narzisstische Mutter verursacht, zu heilen, jedoch ist es definitiv möglich, sich aus Ihren Fesseln zu befreien und ein glückliches und selbstständiges Leben zu führen.

Herstellung und Verlag:

BoD – Books on Demand, Norderstedt

ISBN: 9783755709671

© Mariam Lehmhuis 2022

1. Auflage

Kontakt: Psiana eCom UG/ Berumer Str. 44/ 26844 Jemgum

Covergestaltung: Fenna Larsson

Coverfoto: depositphotos.com

FSC

www.fsc.org

MIX

Papier aus ver-
antwortungsvollen
Quellen

Paper from
responsible sources

FSC® C105338